MAMI, WAS IST GOTT?

JANINE WYSS

rex verlag luzern

D1619699

IMPRESSUM

Bibliografische Information der Deutschen Bibliothek.
Die Deutsche Nationalbibliothek verzeichnet diese
Publikation in der Deutschen Nationalbibliografie;
detaillierte bibliografische Angaben sind im Internet
über http://dnb.dnb.de abrufbar.

Autorin und Herausgeberin
Janine Wyss

Gestaltung und Layout
Janine Wyss

Koordination Herstellung
Brunner Medien AG, Kriens, www.bag.ch

www.rex-verlag.ch
ISBN 978-3-7252-1109-8

WAS, WER, WIE, WO IST EIN GOTT?!?

Das sind gute Fragen und wir wollen versuchen, sie zu beantworten. Auf spielerische Art wirst du entdecken, dass es mehr gibt, als du mit deinen Augen sehen oder mit deinem Verstand verstehen kannst.

WIR WERDEN ZUSAMMEN EINEN RIESIGEN SCHATZ ENTDECKEN UND EINE GROSSE HILFE FÜR DEIN GANZES LEBEN FINDEN. BIST DU GESPANNT?

Wir werden erst mal zusammen entdecken, was du schon kennst, und in unserer Wahrnehmung sensibler werden und bewusster das Leben spüren. Ich glaube, das ist eine hilfreiche Grundlage, um anschliessend das uns noch Unbekannte zu suchen und zu erforschen.

WIR **HA**BEN **WU**NDERBARE SINNE ER**HALTEN.**

KENNST DU SIE?

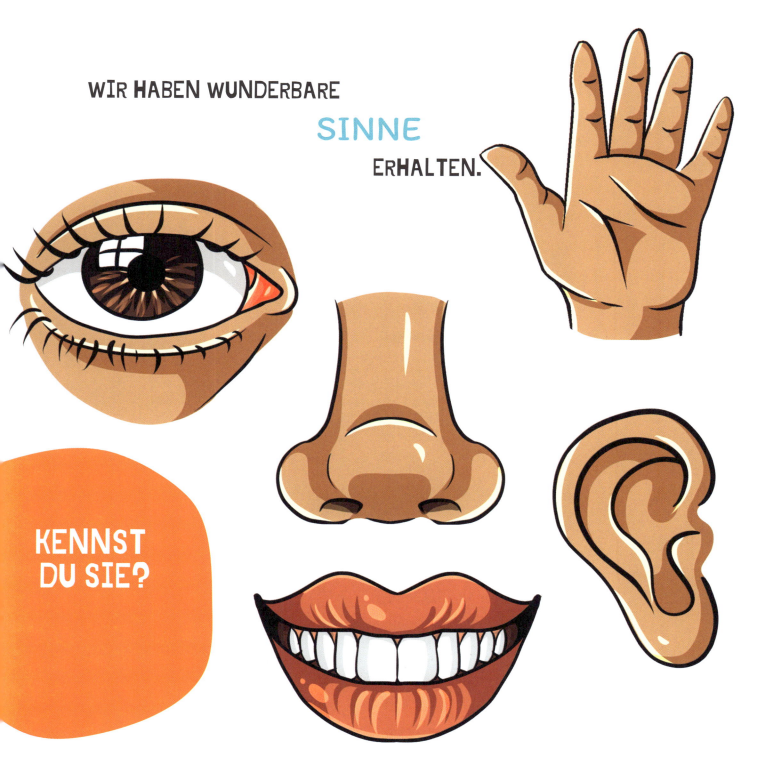

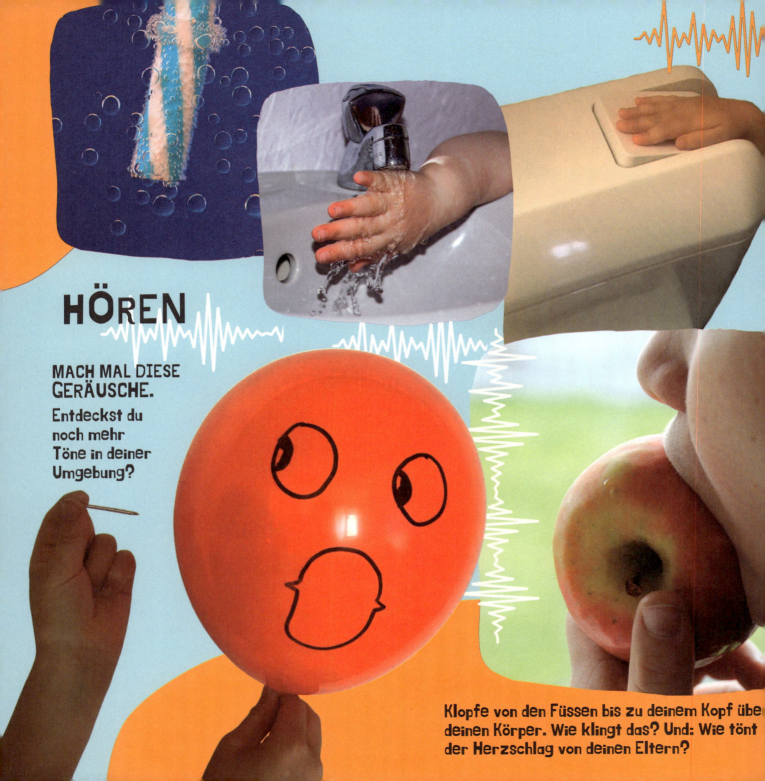

HÖREN

MACH MAL DIESE GERÄUSCHE.

Entdeckst du noch mehr Töne in deiner Umgebung?

Klopfe von den Füssen bis zu deinem Kopf über deinen Körper. Wie klingt das? Und: Wie tönt der Herzschlag von deinen Eltern?

RIECHEN

Wie riecht ...

- dein Atem?
- dein Fuss?
- dein (nasses) Haar?

- es im Kühlschrank?
- es in eurem Abfalleimer?
- die frisch gewaschene Wäsche?

- die Sommerhitze?
- Rauch?
- das Benzin, wenn ihr das Auto tankt?

- Wie riecht es, nachdem es geregnet hat?
- Errätst du mit der Nase, was Mami gerade kocht?

WAS RIECHST DU GERNE UND WAS NICHT?

DUFT(IG)E IDEEN

DER GERUCHSSINN IST DER ERSTE SINN, DEN WIR IM MUTTERLEIB ENTWICKELN. DÜFTE BEEINFLUSSEN UNS VIEL MEHR, ALS WIR MEINEN. SIE KÖNNEN UNS WARNEN. SIE KÖNNEN UNS ZU ETWAS ANTREIBEN UND SIE KÖNNEN UNS RICHTIG WOHL TUN. PROBIERE ES AUS!

Geh in den Wald und sammle etwas Harz. Das hat einen intensiven Geruch. Magst du es? Du kannst es zusammen mit einem Erwachsenen auch in einer feuerfesten Schale schmelzen. Wie riecht danach der Raum?

Lege Tannen- oder Rosmarinnadeln, Zitrusschalen oder Lavendel auf die Glut eines erloschenen Feuers. Wie duftet es?

Entdecke bei einem Spaziergang: Welche Blumen duften und welche nicht?

Tropfe 1 Tropfen ätherisches Mandarinenöl in eure Flüssigseife. Mische sie gut. Macht das Händewaschen nicht gleich viel mehr Spass?

Klebe zwei mit getrockneten Lavendelblüten gefüllte Stoffvierecke mit Leim zusammen. Nutze es als Gute-Nacht-Kissen.

WIR SCHMECKEN SÜSS, SAUER, SALZIG UND BITTER.
Welche entsprechenden Lebensmittel kennst du?

Spürst du die unterschiedliche Schärfe
von Senf, Wasabi, Knoblauch und Chili?

Was schmeckt fade?

ENTDECKE DIE KONSISTENZ
VON BANANE, EI, APFEL, REIS
UND NÜSSEN IM MUND.

Was macht den Unterschied
aus zwischen ...
... einem Kartoffelbrei und
    einem Griessbrei?
... einem Apfel und einer Birne?
... einem Broccoli und
    einem Blumenkohl?

SCHMECKEN

SCHNITZEN

HAST DU SCHON GEMERKT, DASS DAS AUGE «MITISST»? VERSUCHE MAL DAS ESSEN ZU DEKORIEREN. SCHMECKT ES JETZT ANDERS?

HIER EIN PAAR IDEEN ZUM SCHNITZEN. DAS IST GANZ EINFACH. SCHNITZANLEITUNGEN FINDEST DU UNTER DIESEM QR-CODE:

SPIEL DOCH MAL MIT DEINEM MAMI «AUGEN ZU & MUND AUF». ERKENNST DU BLIND, WAS DU ISST?

ERKENNST DU DIE GESCHMACKSRICHTUNG DER SIRUPS, OHNE SIE ZU SEHEN?

RENNAUTO

MARIENKÄFER

PINOCCHIO

KROKODIL

BUNTES SPIESSLI

KRONE

FÜHLEN

KALT, HEISS, GLATT, RAU, HART, WEICH ...

STREICHLE GANZ BEWUSST ÜBER
VERSCHIEDENE DINGE.
WIE FÜHLT SICH DAS AN?

Stehe barfuss in einen Bach oder
springe durch den Sommerregen
oder in eine Pfütze. Wie fühlen
sich die Sonnenstrahlen auf
deiner Haut an?
Streichle deine Lippen. Wie fühlt
sich das an? Creme deine Hände
ein. Wie ist das? Trinke langsam
einen Schluck kaltes Wasser.
Spürst du, wie das Wasser
hinunterläuft?
Lasse dich mit einer
Massagekugel massieren.
Nimm ein warmes Steinkissen
auf den Bauch.
Rolle mit deinen
Zehen über
einen Holzstab.

Hier findest du Ideen
für lustige Massagen

Unser Körper hat Sinne.
Diese haben wir gerade kennengelernt.

Unsere Seele hat GEFÜHLE.

Auch diese können
wir gut fühlen.

FREUDE

WIE FÜHLT SICH FREUDE FÜR DICH AN?

WIE IST DEIN HERZSCHLAG? DEIN GESICHTSAUSDRUCK?

WAS DENKST DU ÜBER DICH, WENN DU FRÖHLICH BIST?

WORÜBER HAST DU DICH DAS LETZTE MAL GEFREUT?

ÜBERRASCHUNG

WIE REAGIERST DU, WENN DICH ETWAS
ÜBERRASCHT? WIE FÜHLT SICH DEINE HAUT AN?
DEINE HAARE? WAS MACHEN DEINE AUGEN?

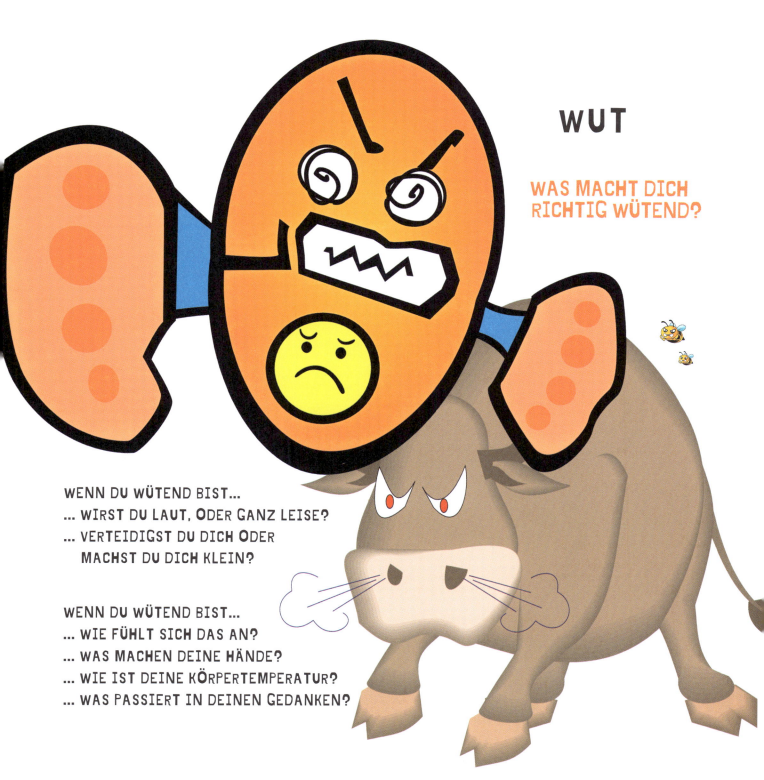

WUT

WAS MACHT DICH RICHTIG WÜTEND?

WENN DU WÜTEND BIST...
... WIRST DU LAUT, ODER GANZ LEISE?
... VERTEIDIGST DU DICH ODER
    MACHST DU DICH KLEIN?

WENN DU WÜTEND BIST...
... WIE FÜHLT SICH DAS AN?
... WAS MACHEN DEINE HÄNDE?
... WIE IST DEINE KÖRPERTEMPERATUR?
... WAS PASSIERT IN DEINEN GEDANKEN?

ANGST

WIE FÜHLT SICH ANGST
FÜR DICH AN?
WAS PASSIERT MIT
DEINEN GEDANKEN?
WIE VERHÄLTST DU DICH
FÜR GEWÖHNLICH, WENN
DU ANGST HAST?
WOVOR HAST DU IMMER
WIEDER ANGST?

SPIEL

HAST DU EINE IDEE, WAS DIESE PERSONEN GERADE FÜHLEN ODER WELCHE
BEDÜRFNISSE SIE HABEN? ODER WAS KÖNNTEN SIE GERADE DENKEN?
VERSUCHE ES NACHZUSPIELEN UND MACH EINE ENTSPRECHENDE MIMIK DAZU.

SPIEL: ICH SEHE WAS, WAS DU NICHT SIEHST...

VERSUCHE ZU UMSCHREIBEN, WAS DU SIEHST, OHNE AUF DAS BILD ZU ZEIGEN.
OHNE FARBEN IST ES GANZ SCHÖN HERAUSFORDERND, FINDEST DU NICHT AUCH?
VERSUCHE DIE GEFÜHLE ODER ABSICHTEN DER PERSONEN ZU UMSCHREIBEN.
KANNST DU DAS?

UNSERE GEFÜHLE SIND SUPER WICHTIG!
SIE SIND EIN BISSCHEN WIE WARNSIGNALE.
WENN WIR GUT AUF SIE ACHTEN,
KÖNNEN SIE UNS SEHR GUTE
DIENSTE LEISTEN.

Die Wut zeigt uns, dass unsere Grenzen überschritten wurden.
Trauer hilft uns, von etwas Geliebtem Abschied zu nehmen.
Ekel schützt uns vor Krankheiten.

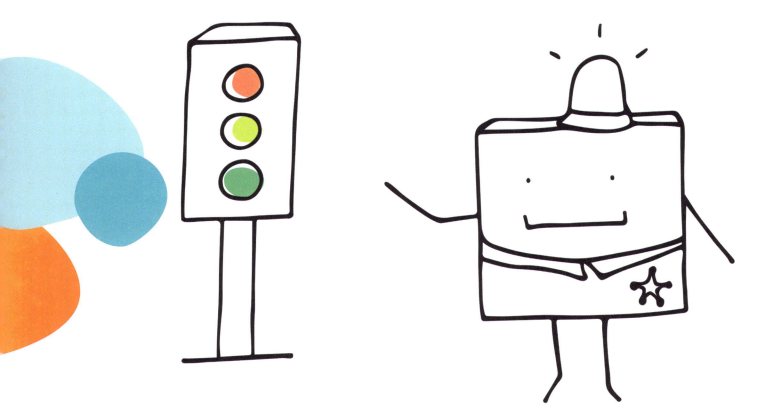

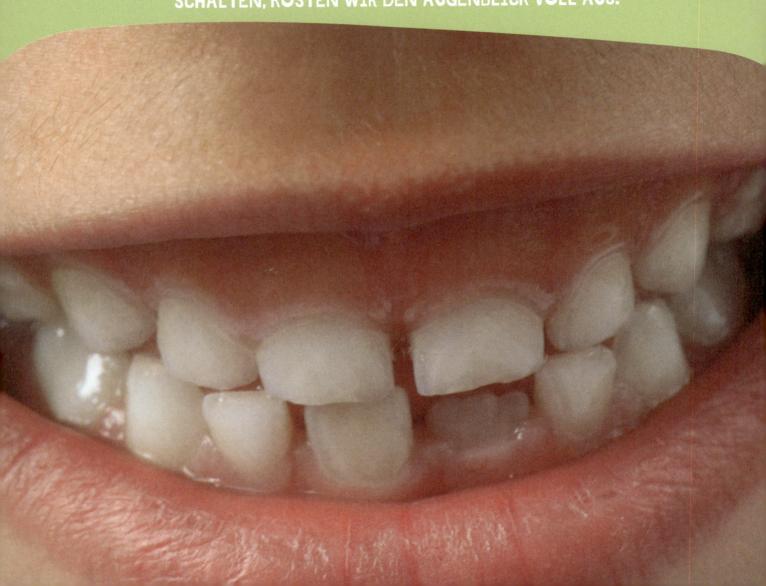

WIR LEBEN IN EINER TOLLEN WELT

UND WENN WIR UNSERE SINNE UND GEFÜHLE EIN-SCHALTEN, KOSTEN WIR DEN AUGENBLICK VOLL AUS.

ICH VERRATE DIR EIN GEHEIMNIS ...
ES GIBT NOCH MEHR!

Wir haben nicht nur einen Körper und eine Seele,
wir haben auch noch einen GEIST!

LASS MICH DAS ERKLÄREN ...

WIR MENSCHEN HABEN DIE NEIGUNG, NUR DAS ZU BEACHTEN UND ZU GLAUBEN, WAS WIR SEHEN. DAS IST ABER NICHT DIE GANZE WAHRHEIT ...

SPIEL: ERRÄTST DU, VON WELCHEM TIER DIESE AUGEN SIND?

KATZE, SPINNE, INSEKT, CHAMÄLEON, MENSCH, EULE, ELEFANT, FISCH

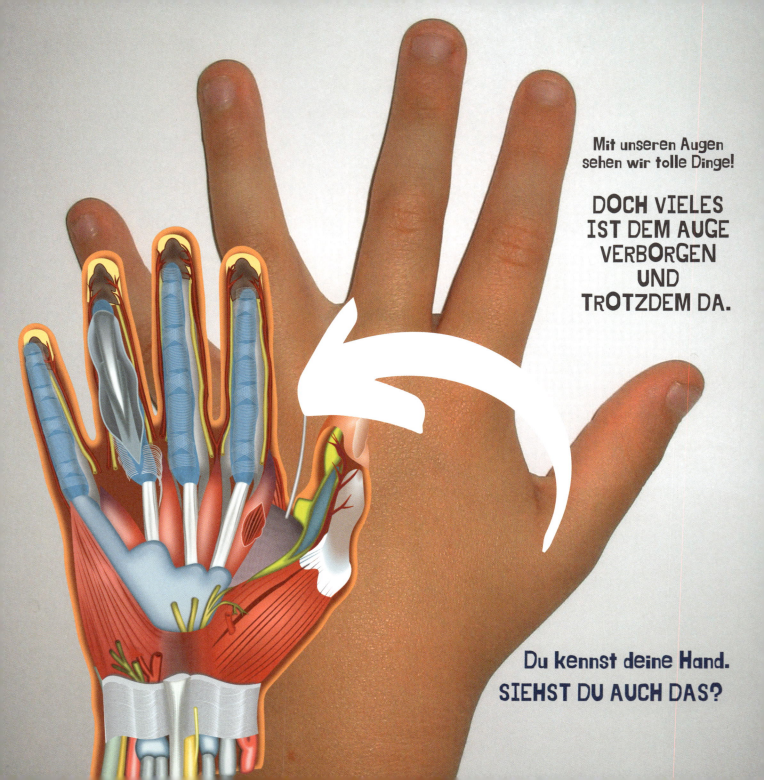

Mit unseren Augen
sehen wir tolle Dinge!

DOCH VIELES
IST DEM AUGE
VERBORGEN
UND
TROTZDEM DA.

Du kennst deine Hand.
SIEHST DU AUCH DAS?

Du siehst deinen Spielplatz.

Siehst du auch, dass der Spielplatz nur auf einem ganz kleinen Punkt dieser Erde steht?

NORTH AMERICA

SOUTH AMERICA

EUROPE

ASIA

AFRICA

AUSTRALIA

ANTARCTICA

STAUNST DU DARÜBER?

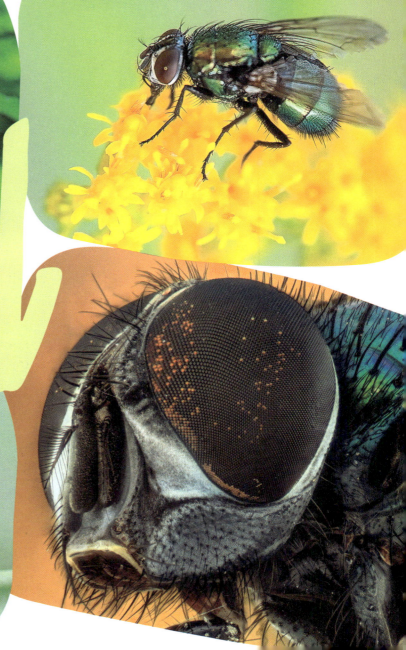

Siehst du auch die liebevollen und perfekten Details?

GEWISSE DINGE WERDE ICH WOHL NIE SEHEN. ZUM BEISPIEL DAS WELTALL, ODER MEINE KNOCHEN.

ABER ICH KENNE SIE DOCH, DURCH DIE FOTOS UND ERKLÄRUNGEN VON ANDEREN MENSCHEN.

GEWISSE DINGE HABE ICH VOR LANGER ZEIT MAL GESEHEN. JETZT, (IM HEISSEN SOMMER) FÜHLT ES SICH ABER NICHT SO AN. Gibt es den Regenbogen? Ist der Schnee wirklich real?

ANDERE DINGE KANN ICH ZWAR
NICHT SEHEN, ABER FÜHLEN
UND ERLEBEN.
WIE ZUM BEISPIEL
TEMPERATUREN, DER
WIND ODER ELEKTRIZITÄT.

MEINE SINNE TUN MIR
GERADE DIESBEZÜGLICH
SEHr GUTE DIENSTE.

GEHEN WIR EINEN SCHRITT WEITER ...

DEINE ELTERN LIEBEN DICH SOOOOO SEHR!

DU WEISST ES MIT SICHERHEIT.

ABER WARUM EIGENTLICH?

Du fühlst es, wenn sie dich umarmen und trösten.
Du siehst es, wenn sie dich anlächeln und mit dir spielen.
Du hörst es, wenn sie stolz über dich erzählen.
Du schmeckst es, wenn sie dein Lieblingsessen kochen.
Du riechst es, wenn sie schwitzen, weil sie dich tragen.

DAS SIND «LIEBESHINWEISE».

DOCH: WOMIT FÜHLST DU, «WEISST» DU ES WIRKLICH?

MIT DEINEM HERZEN!

Wenn du verstehst, dass du auch Dinge sehen und hören, fühlen und spüren kannst, und zwar nur mit deinem Herzen, – dann kannst du auch das Geheimnis erkennen.

UND DIESES GEHEIMNIS IST RIIIIIESIG!

ES GIBT EINEN

ER HAT ALLES GESCHAFFEN. DIE ERDE, DEN MOND, DIE TIERE UND AUCH DICH. ER WEISS ALLES ÜBER DICH. NOCH MEHR ALS MAMI UND PAPI ODER GAR DU SELBST.

ER KENNT SOGAR DIE ANZAHL HAARE AUF DEINEM KOPF (SIEHE AUCH LUKAS 12,7)

UND ER IST BEGEISTERT VON DIR!!!

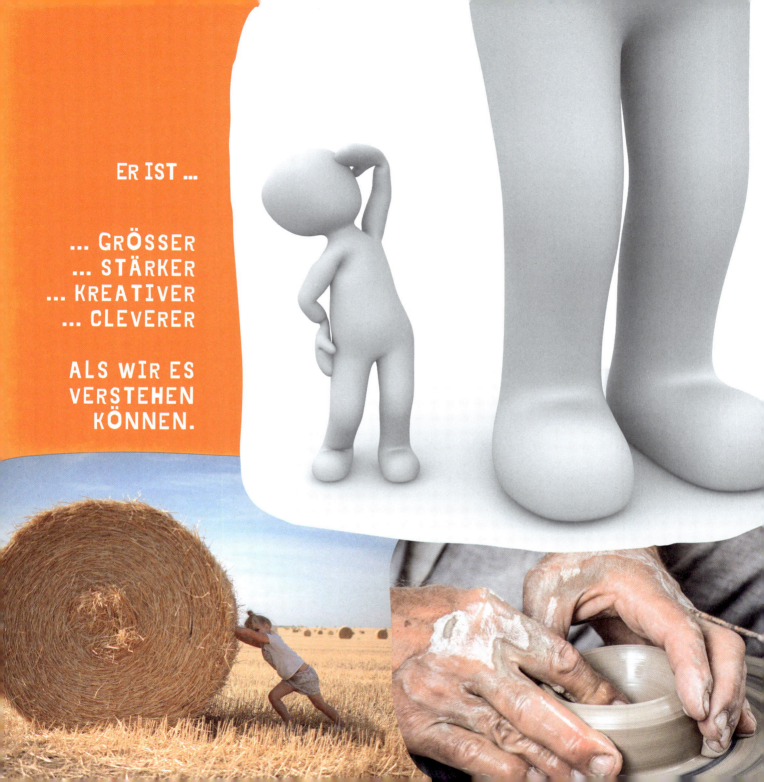

ER IST ...

... GRÖSSER
... STÄRKER
... KREATIVER
... CLEVERER

ALS WIR ES
VERSTEHEN
KÖNNEN.

JAHWE

BEDEUTET "ICH BIN"

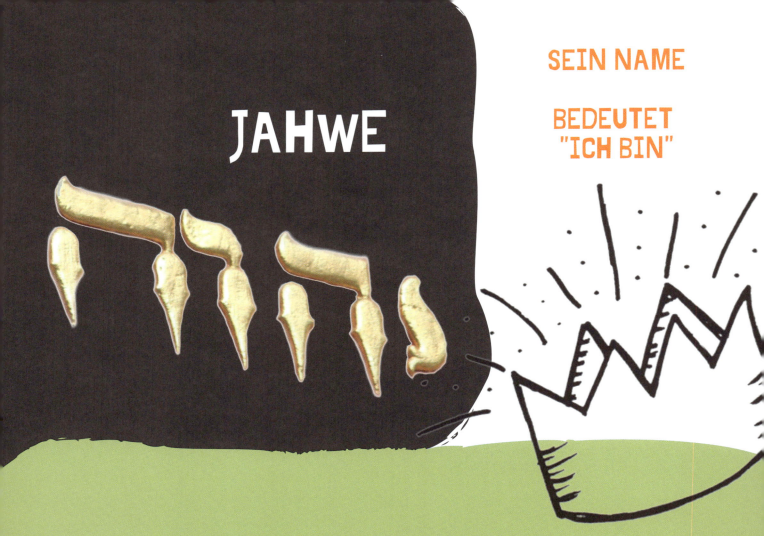

Gott ist riesig und allmächtig und gleichzeitig nah und fürsorglich. Er ist zum einen zeitlos und unendlich und zugleich gegenwärtig und präsent. Er ist unerklärlich und ganz anders und trotzdem väterlich und nahbar.

Er ist Herrscher und Papi.
Ausserhalb all unserer Logik und doch real.

SPIEL:
Schliess die Augen und lass dir etwas in die Hand geben. Kannst du ertasten, was das ist?

ABER NIEMAND
KANN IHN SEHEN ...

ES GIBT ALSO ZEICHEN UND ES IST UNS MÖGLICH, SIE ZU ERKENNEN.

Spiel:
Kennst du diese Wetterprognosen?

WIR ERKENNEN GOTTES WESEN UND KRAFT ANHAND DER SCHÖPFUNG.

Römer 1,20

GEH AUF «SKETCH-SAFARI»
UND ENTDECKE GOTTES SPUREN IN
DEINER UNMITTELBAREN UMGEBUNG.

DU ERKENNST DIE GEGENWART GOTTES AUCH DURCH LEBENSGESCHICHTEN VON ANDEREN PERSONEN.

ERZÄHLE UNS VON DEINER BEGEGNUNG MIT GOTT! SIEHE QR-CODE

Gott hat dir einen
seeeehr langen
Brief
geschrieben.

Liebesbrief

DU LERNST GOTT ALSO BESSER KENNEN, WENN DU DIESEN
BRIEF LIEST. DER BRIEF IST BEKANNT ALS

BIBEL.

Jesus sagt, dass
er uns den himmlischen
Vater offenbaren will.
Das heisst Ihn enthüllen,
Ihn zeigen oder
erkennbar machen.

Darum achten wir ganz
besonders auf das,
was Jesus gesagt und
getan hat! Darüber
lesen wir in der Bibel.

SPIEL:

Jesus benutzt in der Bibel Symbole, um sich zu beschreiben. Beispiel: Er ist die Wahrheit, das Leben, der Weg, die Tür, Brot des Lebens, Licht der Welt, der wahre Weinstock, die Auferstehung, der gute Hirte.

Was verbindest du mit diesen **SYMBOLEN?** Was zeigt das über Gottes Charakter und Absichten? Was bedeutet das für dich?

Symbolhilfen findest du unter dem QR-Code.

UND WIR KÖNNEN GOTT
IN UNSEREM LEBEN UND
IN UNSEREM ALLTAG
ERKENNEN.

WENN WIR
AUFMERKSAM
BEOBACHTEN,
MERKEN WIR, DASS
ES GAR NICHT SO
STILL IST.

GOTT BEGEGNET UNS

Manchmal in Träumen, manchmal durch andere Menschen oder durch Lieder. Manchmal redet Er mit uns über Symbole oder das Gewissen. Manchmal nehmen wir eine innere Stimme in uns wahr oder wir haben plötzlich so ein «Gefühl». Wenn wir ganz genau darauf achten, merken wir, dass das was wir spüren, womöglich gar nicht aus uns selbst kam …

Erzähle:
ERINNERST DU DICH AN DEINEN LETZTEN TRAUM?

DARUM HABEN WIR IN DIESEM BUCH SO VIELE ÜBUNGEN GEMACHT!

Wenn wir lernen, den inneren und äusseren Sinnen und auch unseren Gefühlen und Gedanken und Träumen mehr Beachtung zu schenken, wird es uns auch einfacher fallen, Gottes Nähe zu erkennen.

WARME DUSCHE

Mach es dir bequem,
scanne den QR-Code und höre

BIBLISCHE WAHRHEITEN

über dich.

Versuche mal zu spüren,
was dies in dir auslöst.
Welche GEFÜHLE empfindest du
in diesem Moment?
Empfindest du etwas mit deinen
SINNEN oder in deinem Körper?
Was hast du für GEDANKEN?
Spürst du SEINE GEGENWART?

GEH MIT GOTT
AUF SCHNITZELJAGD

Folge MIT ALL DEINEN SINNEN
Seinen Spuren und erkenne dabei
Seine Grösse, Gegenwart und Liebe.

siehe QR-Code

ERINNERE DICH:
Färbe dir einen goldenen
Schnürsenkel oder trage einen
Ring, Arm- oder Haarreif, der dich
immer wieder an deinen Status als
Kind von Gott erinnert.
Spürst du einen Unterschied?

BEOBACHTE:
Wo siehst du heute
Gottes Gegenwart und
Liebe? Siehst du sie in
der Natur, in einer
Begegnung mit einem
anderen Menschen oder
bekamst du plötzlich
einen schönen und
ermutigenden
Gedanken?

ICH BIN GELIEBT UND NIE ALLEINE!

FRAGE GOTT:
Was denkst Du über mich?
Was ist Dein Plan?

Spürst du in deinem
Inneren eine Antwort
oder einfach Frieden?

NEUER GRUNDSATZ:
Mache es nie alleine.
Gott ist immer mit dir. Das heisst,
wenn du merkst, dass du Hilfe
brauchst – zum Beispiel bei einer
Prüfung – sage es Gott und bitte
Ihn um Seine Unterstützung.
Mache dir bewusst, dass Er
jetzt gerade da ist.
Merkst du den Unterschied?

NEUE GEWOHNHEIT:
Starte und beende jeden Tag mit dem
Bewusstsein, dass Gott MIT dir ist.
Erwache mit einem «Hallo,
himmlischer Vater» und beende den
Tag mit Ihm, indem du Ihm von
deinem Tag erzählst.

GOTT SAGT IN DER BIBEL, DASS ER ZUSAMMEN MIT DIR LEBEN MÖCHTE UND ER SICH WÜNSCHT, DASS DU IHM SO VERTRAUST UND MIT IHM UMGEHST, WIE WENN ER DEIN PAPI WÄRE.

Unsere Papis auf der Welt machen wie die Mamis und alle anderen Menschen auch Fehler. Gott ist aber PERFEKT und behandelt dein Herz ehrenvoll und wertvoll.

GOTT LIEBT DICH. UNABHÄNGIG DAVON, WAS DU TUST. ER IST TOTAL BEGEISTERT VON DIR!

SPIEL

Was könnte die Person gerade Gott erzählen?

Weisst du, wie du ganz schnell eine enge Beziehung mit Gott aufbaust?

REDE VIEL MIT GOTT.
Das ist ganz einfach. Rede mit Ihm, als ob Er gerade neben dir sitzt. Das tut Er ja auch.

Zwischen euch muss nichts Frommes, Heikles oder Geheimes sein. Lass Ihn dein bester Freund sein, indem du Ihm alles sagst.

Erzähle Gott ALLES.

Rede mit Ihm, wenn du auf jemanden wartest, wenn du dich über etwas freust, wenn du nicht einschlafen kannst oder wenn es dir langweilig ist.

Erzähle Ihm <u>so schnell wie möglich</u> auch von deinen unschönen Gefühlen, wie:

- ÄNGSTE
- ZWEIFEL
- SCHAM
- SCHULDGEFÜHLE
- GEFÜHL VON ABLEHNUNG

Wenn du Gott in jeden Bereich deines Lebens einlädst, dann kannst du Sein Wirken auch überall erwarten!

Drucke deinen
GEBETSWÜRFEL &
SCHNIPP-SCHNAPP

Mache eine Dankbarkeits-Kette. Jedes Mal, wenn etwas Gutes geschieht, fädelst du eine Perle auf und sagst Gott «Danke»!

Oder du nimmst 10 Kieselsteine in die Hosentasche. Und immer wenn du dankbar bist, wechselst du einen Stein von der linken in die rechte Hosentasche.

DANKBARKEIT geübt

NEUES GUTE-NACHT-RITUAL

Erzähle Jesus vor dem Schlafengehen, was dir heute besonders gefallen hat, wo du dich geliebt gefühlt hast und worüber du dich gefreut hast. Sag Ihm Danke und bitte Ihn, dass Er mit dir im Traum redet.

«Wir sehen uns in der Nacht, Jesus»!

JETZT HAST DU DEN SCHATZ GEFUNDEN!

Es gibt einen GOTT.

Wir können Ihn zwar nicht sehen. Aber wir
können Ihn beobachten, spüren und erleben.
Und wir können eine Beziehung mit Ihm aufbauen.

Gott ist riesig und mächtig und Er sagt,
dass DU zu Ihm gehörst.

Gott ist immer da.
Das heisst: Du bist NIE alleine!

Gott sagt, dass Er dich liebt.
Das heisst: Egal wie schlecht dich
andere behandeln oder du dich fühlst,
du bist und bleibst
doch immer WERTVOLL.

Ist das nicht G E N I A L ?!?

WEITERE GANZ PRAKTISCHE
UND ALLTAGSNAHE
IMPULSE FÜR DEINE
BEZIEHUNG MIT GOTT
FINDEST DU UNTER

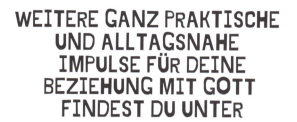

WWW.HEIMKEHREN.CH/KIDS

FÜR GRUPPEN

Zusätzlich erhältlich:

Fertig ausgearbeitete

Unterrichtseinheiten.

DANKE

Die meisten Bilder dieses Buches sind nicht von mir, sondern von KÜNSTLERINNEN UND KÜNSTLERN, die ihre Bilder AUF PIXABAY.COM hochgestellt haben. TAUSEND DANK euch allen!

Ihr seid einfach mega begabt!!!

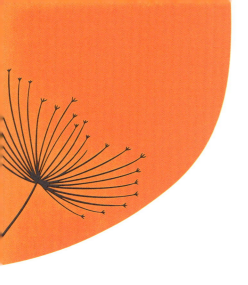

Tausend Dank

an alle Sponsoren

**OHNE EUCH GÄBE
ES DIESES BUCH NICHT!**

Hauptsponsoren:

**FAHRSCHULE KYBURZ
MAX UND LISA KYBURZ**

ADRIAN UND ANGELA BECKERT

HUGO UND ROSE-MARIE LÜSCHER

FCG Lenzburg
verbunden – verändert – gesendet

Ideenkorb

FÜR TEENIES UND ERWACHSENE

60 einfache und sofort umsetzbare Ideen für eine belebte Beziehung mit Gott. Zeitaufwand: jeweils nur 30 Minuten.

www.heimkehren.ch/ideenkorb